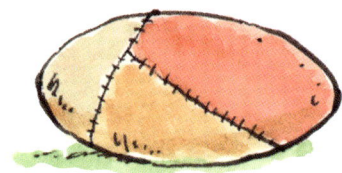

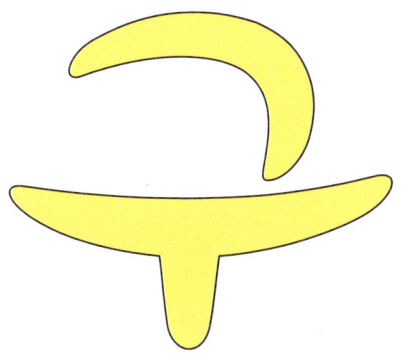

게리 베일리 · 펠리샤 로 글 | 마이크 필립스 그림 | 박상은 옮김

미래i아이

레오

3만 년 전 구석기 시대 아이.
지능 지수가 아주 높고,
창의적이며 시대를 앞서간다.

안녕! 내가 레오야.

팔라스

레오의 애완동물.

내가 애완 동물이라고? 헐~

'석기 시대'라고 불러도 될 만큼 수백만 년 전부터
팔라스의 조상들은 지구에서 살았다.
레오의 조상들보다 훨씬 더 오래전부터!
그런데 팔라스고양이는 시베리아 북극같이
춥고 얼음으로 뒤덮인 불모지에서만 살기 때문에
요즘에는 잘 볼 수 없다.

사람이 거의 살지 않는
러시아 북쪽의 높은 지대에 가면
팔라스고양이를 볼 수 있어요.

레오가 잘 아는 것들

축구 경기	4
대굴대굴 구르는 구	6
깎이거나 쌓이거나	8
돌 구슬	10
투석기	12
사방으로 퍼져라	14
열기구	16
구처럼 둥근 지구	18
반구	20
오렌지 나누기	22
찌그러진 구	24
우리 주변에 있는 구	26
원기둥	28
꼬불꼬불 나선	30
찾아보기	32

축구 경기

팔라스, 축구하러 가자.

"팔라스, 우리 축구하자."
"진짜? 진짜로 축구만 할 거야? 또 이상한 것 발명한다고
나 골탕 먹이는 거 아니지?"
"그럼! 오늘은 발명도, 수학 공부도 안 할 거야.
그냥 신 나게 축구만 할 거야."

팔라스가 펄쩍펄쩍 뛰며 기뻐했어.
하긴 골치 아픈 수학보다야 당연히
축구가 더 좋을 테지.

그동안 내가 수학 공부니 발명이니
한답시고 이것저것 시키는 바람에 팔라스도
사실 괴로웠을 거야.
단풍잎으로 만든 헬리콥터를 억지로 타야 했고,
짐을 가득 실은 무거운 썰매도 끌어야 했으니까.

또 이상한 것 시키려고 저러지. 안 속아!

잘 좀 잡아 봐.

팔라스가 골키퍼를 맡았어.
내 공은 얼마든지 잡을 수 있다나.
난 힘껏 공을 찼어. 그러자 공이
팔라스의 손을 살짝 넘어 골대 안으로
쏙 들어갔어.
"골인! 팔라스, 잘 좀 해.
그만한 것도 못 잡니?"

익!

팔라스는 죽을힘을 다해 몸을 날렸어.
"골인!"
팔라스 녀석, 잘난 척하더니
코가 납작해졌지 뭐.

구는 무엇일까요?

구는 완벽하게 둥근 입체 도형을 말해요.
3차원 도형(입체 도형)이지요.

구의 표면은 완벽한 곡면으로 되어 있어요.
공이 바로 구랍니다.

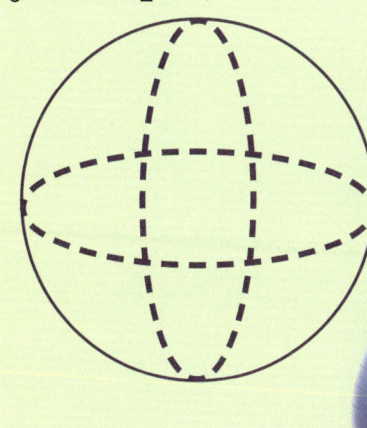

1차원, 2차원, 3차원 도형

선은 1차원 도형이에요.
1차원 도형에는 길이만 있어요.

2차원 도형은 길이와 폭이 있어요. 직사각형이
2차원 도형에 해당되지요.

3차원 도형은 길이, 폭, 높이가 있어 '부피'가 생겨요.
이런 3차원 도형을 입체 도형이라고도 해요.

▼ 운동 경기나 놀이를 할 때
우리가 사용하는 공이 구예요.

▶ 우리가 먹는 과일들도
구 모양을 하고 있어요.

대굴대굴 구르는 구

공을 만들어 굴리라고?

밤새 눈이 펑펑 내렸어.
아침에 일어나니 세상이 온통 하얀 눈으로 뒤덮였어.
팔라스와 난 눈사람을 만들기로 했어.
"난 몸통을 만들게. 팔라스 넌 머리를 만들어."
"머리?"
"눈사람 머리 말이야. 아주 간단해. 먼저 눈을 뭉쳐
작은 공을 만들어.
그런 다음 눈밭에 그 공을 굴리면 돼."
나는 공을 계속 굴리면 눈덩이가
저절로 커지게 된다고 설명해 주었어.

"아주 크게 만들어야 해."
"알았어. 아무튼 굴리기만 하면 되는 거잖아."

팔라스는 내가 시킨 대로 눈을 뭉쳐서 작은 공을 만들었어.
그러고는 그걸 눈밭에서 조심조심 굴렸지.
굴리고, 굴리고, 정신없이 굴려 대며
언덕 아래까지 내려갔어.

읍! 제오, 나 좀 살려 줘!

드디어 아주아주 커다란 눈사람 몸이 완성됐어.
나는 팔라스에게 소리를 질렀어.
"팔라스, 이제 머리만 붙이면 돼!"

그런데 팔라스가 안 보여. 눈사람 머리도.

가만 보니 언덕 아래에 커다란 눈 뭉치가 있는 거야.
눈덩이 사이로 삐져나온 게 팔라스 다리 맞지?

구는 굴러요

바닥에 놓인 무거운 물체를 끌려면 힘이 많이 들어요. 물체의 밑면이 거친 바닥 표면과 닿아 서로 비벼지기 때문이에요. 이것을 '마찰이 생긴다'고 한답니다.

마찰은 움직이는 물체를 방해하는 힘이에요. 하지만 물체의 표면이 매끄러우면 마찰이 약해지지요. 또 물체가 움직일 때 바닥에 닿는 부분이 작으면 작을수록 마찰은 더욱 약해져요.

구는 표면이 매끄럽고, 바닥과 접촉하는 부분이 아주 작아요. 그래서 구는 대굴대굴 아주 잘 굴러간답니다.

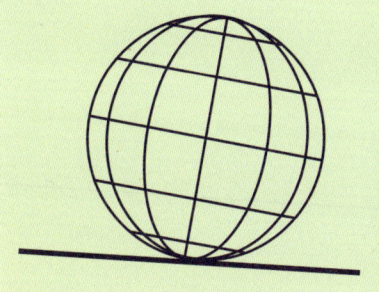

▶ 쇠똥구리는 자기 몸보다 몇 배나 더 큰 똥 덩어리를 대굴대굴 굴려요.

쇠똥구리

쇠똥구리는 소나 말의 똥을 먹고 살아요. 후각이 뛰어나 똥을 쉽게 찾지요. 똥을 발견하면 대굴대굴 굴려서 날라요. 도중에 가끔 다른 쇠똥구리가 똥을 훔쳐가기도 해서 민첩하게 움직여야 해요!
쇠똥구리는 자기 몸무게보다 10배나 더 무거운 똥을 굴릴 수 있어요. 어떤 쇠똥구리는 자기 몸무게의 무려 1,141배나 되는 무거운 똥을 굴린대요. 이것은 한 사람이 손님을 가득 태운 2층 버스 6대를 끄는 것과 같다니, 정말 대단하죠?

▶ 공이 굴러가는 원리를 이용한 재미있는 경기 가운데 잔디 볼링이라는 것이 있어요. 잔디 볼링은 잔디 위에서 공을 굴려 '잭'이라고 불리는 표적 공에 가까이 붙이는 팀이 이기는 경기예요.

깎이거나 쌓이거나

"돌을 왜 문질러?"
팔라스가 의아하다는 듯 물어. 하긴 돌멩이를
끌어안고 긁어 대고 있는 내 모습이 우스꽝스러워
보이기도 하겠지.
"이렇게 하면 반짝반짝해지거든. 문지를수록
더 빛이 날 거야. 너도 해 볼래?"

팔라스도 붙어 앉아 돌을 문지르기 시작했어.
한참을 문지르자 거칠거칠한 부분이 많이 없어졌어.
하지만 더 매끄럽게 하려면 아직도 멀었어.
팔라스가 자기 팔을 주무르며 지친 얼굴로 물었어.
"얼마나 더 문질러야 해?"

"아마 백만 년 정도는 해야 할걸.
암석들은 대부분 이렇게 해서 둥글둥글해져.
이 돌도 오랜 세월 비, 바람, 모래 등에
갈리고 닦여 매끈해진 거야."
"그럼 이 돌이 원래는 아주 컸단 말이야?"
"물론이지. 이 돌도 계속 문지르다 보면
모래알만큼 작아질걸."

갑자기 팔라스의 얼굴빛이 변했어.
"저기, 돕고는 싶은데,
약속이 있는 걸 깜빡했어……."

사각 사각

아직 아직
멀었어. 더 박박
문질러!

해도 해도
끝이 없어.
이게 뭐야.

아, 미안!
내가 급해서
말이야.

침식

돌의 날카로운 부분이나 모서리가 마찰에 의해 둥글게 변하는 힘의 작용을 침식이라고 해요. 비나 바람, 바닷물이 오랫동안 끊임없이 힘을 가하면 침식이 일어나요. 대기 중을 떠다니는 물체도 공기의 마찰에 의해 서서히 침식되지요. 침식이 된 물체는 대부분 부드럽고 둥글어지거나 구 모양을 띠게 돼요.

▲ 뉴질랜드에 있는 모에라키 돌 구슬은 구 모양을 한 거대한 암석이에요. 대부분 지름이 2미터가 넘는데, 완벽한 구 모양을 하고 있어요. 파도에 침식되어 이렇게 되었대요.

▲ 이 바위는 바람과 모래의 힘에 의해 침식되어서 구 모양이 되었어요.

진주

침식 작용과 정반대의 행동을 하는 생물이 있어요. 이 생물은 마찰을 일으켜 물체를 닳게 하는 대신 층층이 싸서 늘려가요. 조개 같은 연체동물의 껍데기 안으로 모래알 따위의 이물질이 들어와 부드러운 살을 자극하면 조개는 걸쭉한 액체로 이물질을 꽁꽁 싸 버려요. 이 위에 액체가 층층이 쌓여서 단단해지면 진주가 되지요.

▲ 양파는 층층이 자라는 구 모양의 채소예요. 층을 이루는 양파 속살은 사실 한가운데의 싹을 꽁꽁 싸고 있는 이파리예요. 양파를 반으로 자르면 양파가 어떻게 구 모양을 이루고 있는지 한눈에 볼 수 있어요.

▲ 굴 껍데기 안에서 자란 진주예요.

굴 속에서 자란 거라고? 그러면 먹어도 되지 않을까?

돌 구슬

오늘도 종일 돌멩이를 가지고 씨름을 했어.
돌을 문질러서 매끈하게 하는 것보다 몇 배는 힘들었지.
부싯돌로 골고루 쳐서 돌 표면을 울퉁불퉁하게 만들려고 하거든.
"그건 또 어디다 쓸 거야?"
팔라스가 땀을 뻘뻘 흘리는 내가 안됐는지 말을 걸었어.
"오늘 밤 의식에서 사용할 지팡이 손잡이로 달 거야.
구경만 하지 말고 좀 도와줘."

팔라스는 울퉁불퉁 홈이 파인
돌멩이를 신기한 듯 쳐다보았어.

조그맣게 간 돌은 새총으로 쏠 거야.

"무슨 의식인데 이런 게 필요해?"
"사냥 의식이지. 이 돌멩이는 신성하기 때문에
마을에 보관할 거야."
팔라스는 마지못해 부싯돌을 들고 거들어 주었어.
덕분에 겨우 일을 끝냈지.
"고마워, 팔라스! 아참, 깨진 돌조각은 둥글게 갈자.
이 새총에 끼워서 쏘면 사냥하기 딱 좋아."

난 이빨을 날카롭게 갈 거야. 아주 무시무시할걸!

"너 지금 뭐라고 했어?"
팔라스가 눈을 세모꼴로 치뜨며 노려보았어.
"팔라스, 어디 가?"
"나도 이빨과 발톱을 부싯돌에 갈아서 날카롭게
무장할 테야. 너희 인간들이 무서워하게!"

코스타리카에 있는 석구

중앙아메리카 남쪽에 위치한 코스타리카에서 구 모양을 한 돌멩이가 300개가 넘게 발견됐어요. 돌로 된 구라고 해서 '석구'라고도 해요. 코스타리카 사람들은 이 석구들을 '라스 볼라스'라고 부르지요. 디키스라는 부족이 이런 석구를 만들었다고 해서 '디키스 구'라고도 한대요.

깎아 만든 구

스코틀랜드에서는 지름 7센티미터 정도의 깎아 만든 돌 구슬이 수백 개나 발견됐어요. 자그마치 2,000년이나 된 것으로 대개 표면이 울퉁불퉁해요. 이 돌 구슬을 어디에 사용했는지는 아무도 몰라요.
아마 무기로 쓰였거나 부족장이 드는 의식용 지팡이의 손잡이였을 거라고 짐작한답니다.

▲ 코스타리카에 있는 동글동글한 석구들

◀ 울퉁불퉁하게 깎아 만든 이 돌 구슬은 영국 런던의 대영 박물관에 보관되어 있어요.

▶ 이 작은 구 모양은 '클럭스도르프 구체'라고 해요. 남아프리카 공화국에 있는 30억 년 된 암석층에서 광부들이 발견했어요. 열과 침식 작용으로 만들어진, 자연이 만든 놀라운 작품이에요.

투석기

"이걸 직접 만들었어? 정말?"
팔라스가 내 발명품을 보더니 입을 다물지 못하고 자꾸 확인해.
"그렇다니까. 어때, 굉장하지? 이걸 사용하면
힘 안 들이고도 멀리까지 던질 수 있어."

"뭘 던질 건데?"
"바로 팔라스 너!"

"뭐라고? 나? 날 던진다고?
지, 진짜?"
팔라스가 말까지 더듬는걸 보니
정말로 자기를 던지려는 줄 아나 봐.
그러니까 더 장난을 치고 싶어졌어.
"아직 실험을 안 해 봐서
정확히는 몰라."

그러자 팔라스가 주위를
두리번거리더니 말했어.
"저기, 나 말고 다른 걸로 실험하면 안 될까?
저 큰 바위는 어때?"
"저 바위는 너무 무거워서 안 돼."
"하지만 아프다고 소리 지르지도 않을 테고,
떨어질 때 야단법석도 안 떨 텐데……."
팔라스가 애원하듯 말했어.

귀여운 팔라스! 아니라고 말해 줄까, 말까?

저기, 꼭 나여야 하는 거니?

포물선

공중으로 공을 높이 던지면 공이 위로 올라가다가 아래로 떨어져요. 이때 곡선이 생기는데 공이 지나는 곡선을 포물선이라고 해요.

공이 곡선 맨 꼭대기 부분까지 가면 아래로 내려오기 시작해요. 이 곡선 꼭대기를 꼭짓점이라고 해요.

꼭짓점은 공이 올라가기 시작하는 지점(A)과 공이 떨어지는 지점(B)의 딱 중간에 위치해요.

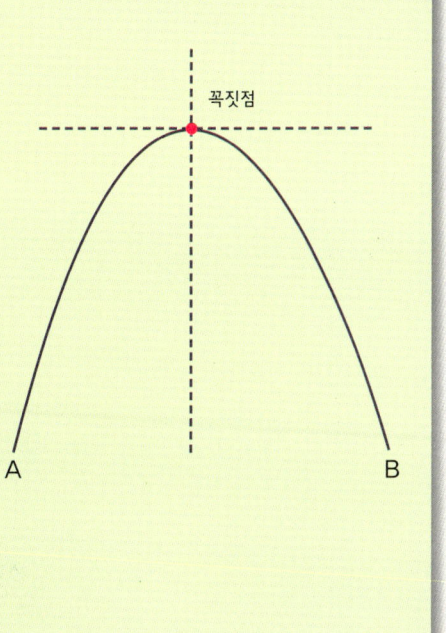

▲ 공을 던지면 포물선을 그리며 떨어져요.

투석기와 대포

먼 옛날, 투석기는 무서운 무기였어요. 투석기로 큰 바위를 던지면 제 아무리 단단한 성벽도 부술 수 있거든요. 이때 바위의 무게가 얼마인지, 바위를 얼마나 멀리 던질 수 있는지, 바위가 떨어질 때 충격은 얼마나 되는지를 미리 아는 것이 중요하답니다.
또한 대포에 무거운 돌을 넣고 쏘면 투석기와 같은 효과를 얻을 수 있어요. 포탄은 주로 둥근 돌멩이나 쇳덩어리로 만들었지요.

▲ 오래된 이 대포는 크고 둥근 돌멩이를 넣고 쏘았어요.

◀ 옛날에는 이 투석기로 큰 바위나 돌을 던져 적을 공격했대요.

사방으로 퍼져라

봄 들판을 노랗게 수놓았던 민들레 꽃이 지면서 어느덧 꽃자루마다 솜털 같은 씨앗이 매달려 있어. 민들레 씨앗은 가볍게 후 불기만 해도 사방으로 흩어져서 참 재밌어.

"민들레 씨는 왜 불고 그래?"
"가만있어 봐. 중요한 실험을 하고 있으니깐. 씨앗들이 이렇게 구 모양으로 붙어 있지? 그래서 쉽게 사방으로 날아갈 수 있는 거야."

"와, 씨들이 폭발하는 것 같아!"

침 튄다. 살살 불어라.

"맞아! 만약에 씨들이 모두 같은 방향으로 날아가 같은 곳에 떨어지면 서로 땅을 차지하려고 싸울 거야. 하지만 이렇게 사방으로 날아가면 서로 다른 곳에 떨어져서 자신만의 공간을 차지할 수 있어."
"아하, 그래서 열심히 씨를 불고 있었구나! 이리 줘 봐. 나도 불 테니까."

멀리 날아가야 잘살 수 있어.

비눗방울과 구

비눗방울은 비눗물이 만든 얇은 막이에요. 안에는 대개 공기가 가득 차 있어요. 비눗방울의 얇고 부드러운 막은 안으로 오그라드는 성질이 있어요.

막은 모두 세 개의 층으로 이루어져 있는데, 한 개의 물 분자* 층이 두 개의 비누 분자 층 사이에 끼어 있지요. 그런데 비누 분자는 항상 물 쪽으로 끌리기 때문에 안팎에서 동시에 물을 민답니다. 그래서 막이 둥그런 모양이 되는 거예요.
또 비눗방울 안에서는 공기가 사방으로 뻗어 나가려고 해요. 비눗방울이 구 모양을 이루는 것도 이런 이유 때문이랍니다. 그래서 처음에 어떤 모양을 하고 있든 상관없이 비눗방울은 결국 구 모양이 된답니다.

*분자: 화학적 형태와 성질을 잃지 않고 분리될 수 있는 최소의 입자.

▲ 이 민들레 씨앗처럼 구 모양인 씨앗은 씨를 멀리멀리 퍼뜨릴 수 있어요.

▲ 물이 끓으면 보글보글 거품이 생겨요. 이것 역시 물이 열을 받아 팽창하면서 생기는 현상이에요.

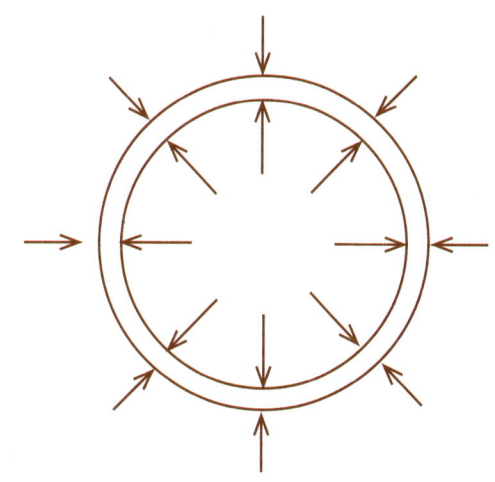

열기구

드디어 뜨거운 공기를 가득 채운 커다랗고
둥근 가죽 공이 둥실 위로 떠올랐어.
이 커다란 가죽 공은 내가 만든 열기구야!
팔라스와 난 열기구에 매달린 바구니를
타고 하늘을 날았어.
"바구니를 꽉 잡아. 잘못하면 떨어져!"

그런데 팔라스는 잔뜩 겁을 먹고 있어.
사실 마지못해 타긴 했어.
"걱정 마. 아래로 뚝 떨어지는 일은 없으니까."
나는 팔라스를 안심시키려고
열기구에 대해 설명해 주었어.
"뜨거운 공기만 계속 넣어 주면 이 열기구는
떨어지지 않고 계속 하늘로 오를 거야.
뜨거운 공기는 찬 공기보다 가볍기 때문이지."

가죽 풍선은 터질 듯이 부풀어 점점 높이 올라갔어.
거대한 구가 바람을 타고 하늘을 떠다니는 모습,
상상이 되니? 저 멀리 우리 마을을 내려다보니
매머드가 개미만 하게 보이는 거 있지.

여기는 어디?
나는 누구?

야~ 매머드.
우리 잡아 봐라.

팔라스는 내내 무섭기만 한가 봐.
"레오, 우리 그만 내려가자!"
거의 애원하는 투로 말했어.

"좋아!"
그런데 갑자기 내려갈 방법이 생각나지 않아.
어떡하지?

▲ 열기구를 날아오르게 하기 위해서는 헬륨 가스를 이용해요. 헬륨 가스가 공기보다 가볍기 때문이지요.

가축들의 비행

열기구에 탄 최초의 탑승객이 양, 오리, 수탉이었다는 사실을 알고 있나요?
프랑스의 자크와 조지프 몽골피에 형제는 연기와 열을 이용해 하늘을 나는 기구를 발명하고 싶어 했어요. 1783년 9월 19일, 형제는 드디어 종이와 천을 사용해 기구를 만들었어요. 밀짚과 잘게 썬 양털, 말린 말똥을 태워 뜨거운 공기를 채우자 기구가 땅에서 둥둥 떠올랐답니다. 양털과 말똥은 태우면 연기가 많이 나서 불꽃이 거세지 않고 얌전했어요. 그래서 기구에 불이 번질 염려가 없었지요. 몽골피에 형제는 직접 기구에 타기가 겁났기 때문에 대신 양, 오리, 수탉을 태웠어요. 양, 오리, 수탉을 태운 기구는 8분 동안 하늘을 둥둥 떠다니다가 땅으로 내려왔지요. 이런 성공에 힘입어 몇 달 뒤에는 사람을 직접 태우고 첫 비행을 성공적으로 마쳤다고 해요.

니들은 이미 경험했구나……

구처럼 둥근 지구

"레오, 세상에서 가장 큰 구가 뭐야?"
"우리가 지금 앉아 있는 지구지. 내가 알기로는 지구가 제일 커."

"그럼 지금 우리가 커다랗고 둥근 공 위에 앉아 있다는 거야?"
팔라스가 펄쩍 뛰며 놀랐어.
"그래. 그것도 우주를 빙빙 도는 커다랗고 둥근 공!"

"으악! 날 좀 꽉 잡아 줘. 나 미끄러지면 어떡해?"
갑자기 팔라스가 비명을 지르며 호들갑을 떨었어.

"걱정 마. 절대 안 미끄러져. 너를 아래로 잡아당기는 힘이 있거든.
그 힘을 중력이라고 해. 중력 때문에 우리가 지구 표면에 붙어 있을 수 있는 거야.
우린 절대 지구 밖으로 떨어지지 않아. 약속할게."

"그래도 난 뭔가를 잡고 있어야겠어."
그날 종일 팔라스는 내 다리를 붙들고 놔 주지 않았어.

팔라스, 이거 봐.
우린 절대 미끄러지거나
떨어지지 않아!

아니야. 못 믿겠어.
지구가 둥글다며?

구의 뼈대

구의 뼈대를 만든다면 아마 이렇게 생겼을 거예요.

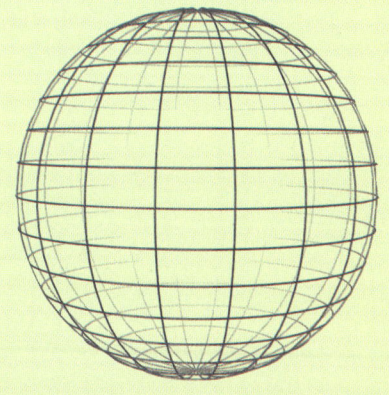

구의 꼭대기에서 바닥까지 곡선들이 이렇게 이어지지요.

곡선들은 각각 구의 둘레를 돌고 있어요. 이 곡선들 가운데 구의 중심부를 지나는 곡선이 가장 길답니다.

반대로 구의 꼭대기나 바닥 쪽을 도는 곡선일수록 길이가 짧아요.

▲ 우주에서 본 지구의 모습이에요. 지구가 둥근 구 모양을 하고 있다는 사실을 확인할 수 있어요.

위도와 경도

지구의 가로와 세로 방향으로 뼈대처럼 가상의 곡선을 그려 보면 지구의 크기를 잴 수 있어요. 지구의 중심부를 도는 가로선을 적도라고 해요. 적도의 위도는 0도예요.
위도는 지구 위의 위치를 나타내는 좌표 중에 가로로 된 것을 말해요. 지구 중심에서 북쪽으로 얼마나 멀어졌는지 혹은 남쪽으로 얼마나 멀어졌는지를 나타내지요.
경도는 북극에서 남극을 향해 뻗은 세로선들을 말해요. 경도는 동쪽으로 혹은 서쪽으로 얼마나 멀리 떨어져 있는지를 가리킨답니다.

◀ 우리가 보는 태양과 달도 구처럼 생겼어요.

반구

"저게 뭐지?"
팔라스가 걸음을 우뚝 멈추며 물었어.
"글쎄 뭘까? 이쪽으로 오고 있는데."

거무튀튀한 물체는 우리를 향해 엉금엉금 기어왔어. 가까이서 보니 커다랗고 둥근 껍데기 밑으로 발이 달려 있어. 바로 거북이였어.

"너무 무섭게 생겼어.
등에는 딱딱한 껍데기도 있고.
콱 물기라도 하면 어떡하지?"
팔라스는 금방이라도 도망갈 태세야.
"착하게 생겼는데 뭐."

실제로 거북이는 정말 착했어!
나는 딱딱한 거북이 등 위에 올라타며 말했지.
"팔라스, 너도 타. 어서."

거북이가 팔라스를 쳐다보자
팔라스도 거북이를 힐끗 쳐다봤어.
몹시 불안해 보여.
팔라스 몸에 이런 딱딱한 등딱지가
있었다면 저렇게 무서워하진 않았겠지.
이참에 그걸 발명해 볼까?

▲ 어떤 거북이는 등딱지가 반구 모양이에요.

바위의 돔

이스라엘 예루살렘에 가면 '바위의 돔'이라는 이슬람 사원이 있어요. 신성한 바위 위에 세워져 있다고 해서 바위의 돔이라 불리는데, 이 사원의 황금빛 돔 지붕은 금박으로 덮여 있어요.

▶ 사과를 반으로 자르면 반구 모양이 되지요.

▲ 예루살렘 거리 어디에서나 이 바위의 돔이 보여요.

대칭을 이루는 구

구는 대칭을 이루고 있어요. 어느 방향으로 구를 돌려도 구의 모양은 늘 같아요. 또 구를 반으로 자르면 완전히 똑같은 두 개의 반구가 생겨요.

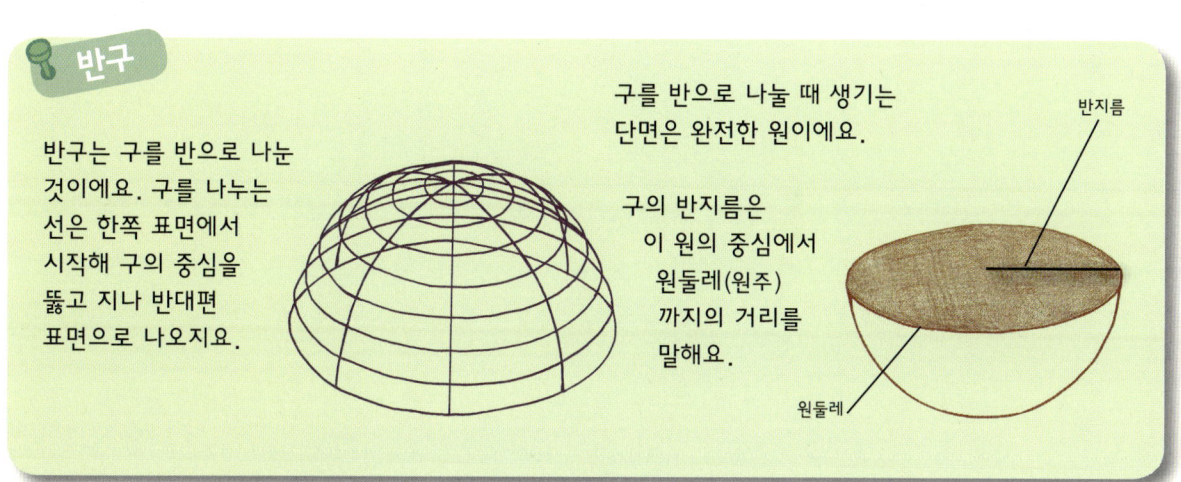

반구

반구는 구를 반으로 나눈 것이에요. 구를 나누는 선은 한쪽 표면에서 시작해 구의 중심을 뚫고 지나 반대편 표면으로 나오지요.

구를 반으로 나눌 때 생기는 단면은 완전한 원이에요.

구의 반지름은 이 원의 중심에서 원둘레(원주)까지의 거리를 말해요.

반지름

원둘레

오렌지 나누기

오렌지 껍질을 벗기자 새콤달콤한 냄새에
저절로 입안에 침이 고였어.
"팔라스, 오렌지 좀 먹어."
"괜찮아. 고양이들은 오렌지 안 좋아해."

"저런! 오렌지에 몸에 좋은 비타민이 얼마나 많은데."
"됐어. 생쥐에도 많거든!"
"그렇다면 다행이고."
저 고집을 누가 당해 내겠어.
일부러 생각해서 먹으라는데 말이야.

"그렇다면 이따가 부족 축구 시합할 때 선수들한테
나눠 줘야겠다. 그런데 오렌지는 10조각인데
선수는 11명이니 어떡하지?"

"축구 선수 1명이 나처럼 고양이라면 간단한데.
그럼 10조각으로도 충분하잖아."

"이야, 좋은 생각이야!
팔라스 네가 선수로
뛰어라. 그럼 되겠어!"

이번엔 기필코
막아 낼 테다.

구의 조각

구의 중심을 지나도록 해서 잘라 낸 조각을 말해요.

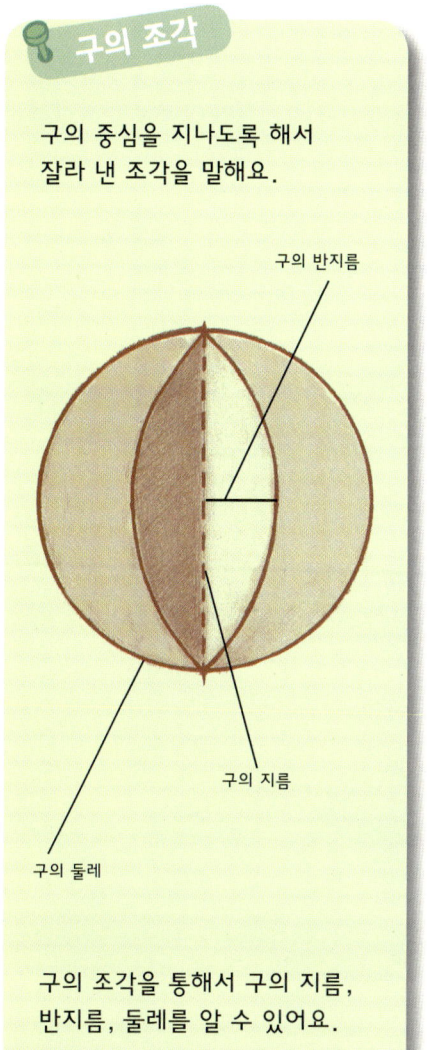

구의 조각을 통해서 구의 지름, 반지름, 둘레를 알 수 있어요.

▲ 영국의 조각가 데이비드 하버가 야외 조각품으로 만든 구형 조각 작품이에요. 구에서 조각을 잘라 낸 모양을 하고 있어요.

▼ 수박을 자른 조각이에요. 구의 조각을 잘 보여 주고 있네요.

▲ 오렌지 껍질을 벗기면 크기가 같은 조각들로 나눌 수 있어요.

23

찌그러진 구

팔라스는 공을 갖고 노는 게 진짜 재미있나 봐.
풀밭이며 자갈길에서 계속 차고 돌아다니더라고.
그러더니 숨이 찼는지 공을 깔고 푹 주저앉았어.
그 바람에 하나밖에 없는 가죽 공이 완전히 찌그러지고 말았지.
"어서 일어나! 공이 망가졌잖아!"
나는 화가 나서 버럭 소리를 질렀어.
"그냥 앉기만 했는데······."
놀란 팔라스가 기어드는 목소리로 중얼거렸어.
"너 몸무게를 생각해 봐."
나는 여전히 퉁퉁거리며 말했어.

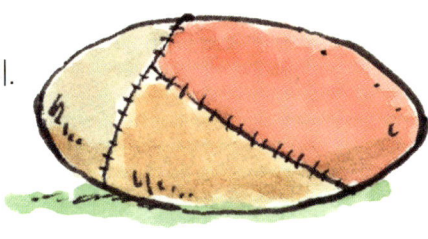

팔라스는 찌그러진 공을 한참 내려다보더니 말했어.
"그래도 가지고 놀 수는 있어."
"찌그러진 공으로 어떻게 놀아? 구르지도 않는데."

"음, 공을 차지 말고 들고 뛰면 되잖아. 이렇게 말이야."
팔라스는 공을 들고 힘차게 달려갔어.

"안 돼. 그건 내 공이야. 이리 내놔!"
나는 몸을 날려 잽싸게 공을 빼앗았지.
팔라스가 다시 내게 달려들어 공을 뺏으려 했어.
우리는 땅을 구르며 공을 차지하려고 몸싸움을 했어.

"잡았다! 이번엔 네가 공을 뺏어 봐."
"이것도 꽤 재미있다!"

회전 타원체

'찌그러진' 구를 회전 타원체라고 해요.

구처럼 둥글지만 완전히 둥글지는 않아요.

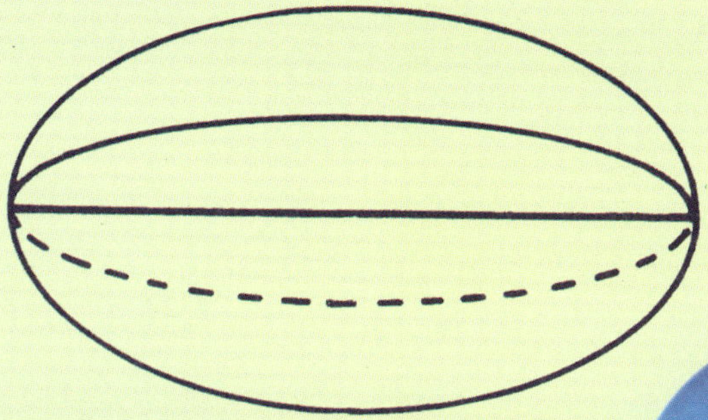

◀ 수박과 럭비공은 대표적인 회전 타원체 모양이에요.

◀ 풍선과 달걀도 회전 타원체 모양이네요.

지구는 둥글지 않아요

지구는 완전한 구형이 아니에요. 우주에서 보면 둥글게 보이지만 사실 지구는 '울퉁불퉁한' 회전 타원체예요.

지구가 완전하게 둥글지 않다는 것을 주장한 사람은 200년 전에 살았던 영국의 수학자이자 천문학자였던 아이작 뉴턴이었어요. 뉴턴은 지구가 '편평한 회전 타원체'라고 주장했어요. 북극과 남극 부분이 납작하고 적도 부분이 옆으로 늘어난 모양을 하고 있기 때문이라고요.

뉴턴의 말이 맞아요. 지구 중심부를 지나는 길이가 남극과 북극을 이은 길이보다 21킬로미터 더 길거든요.

▲ 아이작 뉴턴은 1600년대 중반부터 1700년대 초반까지 영국에서 살았어요.

우리 주변에 있는 구

주변을 둘러보면 구 모양이 아주 많아요. 맑은 빗방울, 선명한 빛깔의 열매, 과일, 꽃 등등 생긴 모양도 대체로 아름다워요.
그릇과 가정용품도 구 모양을 하고 있는 게 많아요.
예술가나 조각가들도 작품에 구 모양을 즐겨 사용한답니다.
또 많은 운동 경기나 게임에서도 구 모양의 공을 사용하지요.

▲ 물방울이 구 모양을 하고 있어요.

▶ 둥근 모양의 씨앗은 더 멀리 구르거나 보다 쉽게 퍼질 수 있어요.

▶ 잘 익은 열매는 새를 유혹해요. 새가 열매를 먹으면 씨가 배설물에 섞여 나와 멀리멀리 퍼질 수 있기 때문이에요.

▲ 동글동글한 콩이 콩깍지 안에 나란히 들어 있네요.

▲ 씨앗이 구 모양을 이루고 있으면 사방으로 흩어질 수 있어서 식물을 널리 퍼뜨리는 데 도움이 돼요.

▲ 이탈리아 로마 교황청 뜰에 있는 조각품이에요.

▲ 전구는 보통 구 모양을 하고 있지요.

▲ 발전소에 있는 이 거대한 구 안에는 기체가 들어 있어요.

▲ 테니스공

▶ 새끼 고양이도 공을 갖고 노는 걸 좋아해요.

원기둥

자, 이번에 내가 새로 발명한 물건을 소개할게.
그것은 바로 시원하게 물줄기가 쏟아지는 커다란 통이야.
"레오, 저건 구 모양이 아니잖아?"
팔라스도 이제 척 보면 구 모양인지 아닌지 구분해 낼 수 있어.
"그래. 둥글면서도 높아야 하고 게다가 뚜껑도 있어야 하거든.
그래서 원기둥 모양으로 만들었어."

"원기둥?"
"큰 물통이라고 생각하면 돼."
나는 물통에 물을 가득 채우고, 먼지가 들어가지 않게
뚜껑을 덮었어.
"자, 이제 물을 밖으로 빼낸다!"

"어떻게 빼내? 그리고 왜 빼내?"
팔라스가 한꺼번에 질문을 해 댔어.

여기 이렇게
물을 채우고……

"너, 거기 서 있어 봐."

내가 마개를 열자 원기둥 안에 있던 물이
쏴 쏟아졌어.

"에쿠쿠! 이게 웬 물벼락이야!"
팔라스가 비명을 질렀어.
"어때, 팔라스? 시원하지?"

"난 고양이라고!"
팔라스가 달아나며 말했어.
"목욕은 혀로 핥아서 하면 돼!"

어때?
시원하지?

난 목욕은
질색이라고!

원기둥

원기둥은 둥근 모양의
3차원 도형(입체 도형)이에요.

양쪽 끝의 두 밑면에
맞닿아 둥글게 감싼
곡면으로 이뤄져 있어요.

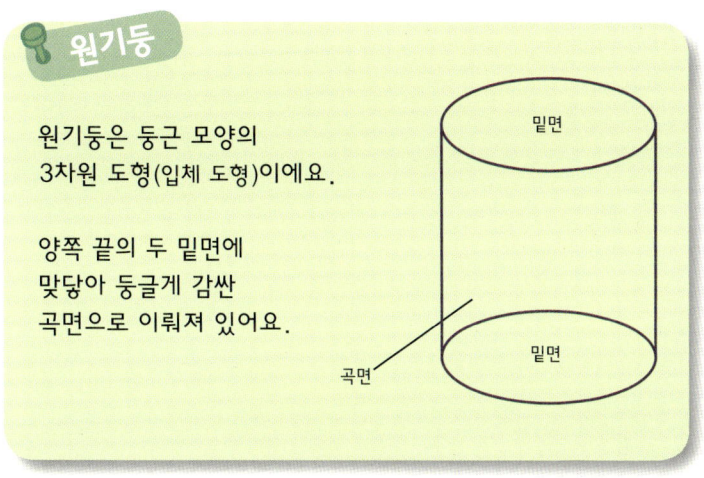

원통형 도장

원통형 도장은 '그림 이야기'가 새겨진 원기둥이에요. 새나 동물을 새긴 것도 있고, 바쁘게 일하는 사람들의 모습을 새긴 것도 있어요. 수천 년 전 지금의 이란에 해당하는 고대 메소포타미아 지역에서는 원통형 도장을 사용했어요. 원통형 도장은 장신구나 부적으로 쓰였어요. 또 편지 끝부분에 찍거나 점토 문서가 진짜라는 것을 표시하기 위해 찍기도 했어요.

원기둥은 모양과 크기가 다양해요.
대개 무언가를 담는 용기로 쓰이지요.

▶ 오른쪽 사진에 있는 도장을
점토판 위에 굴리면
아래 그림이 찍혀요.

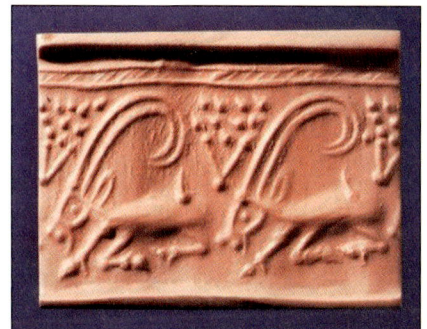

관

빨대는 길고 속이 텅 빈 원기둥이에요.
이처럼 몸 둘레가 둥글고 속이
비어 있는 물건을 '관'이라고 하지요.
원기둥에서 두 밑면이 없다고
생각하면 관의 모습을 쉽게 상상할 수
있을 거예요.

빨대는 보통 액체를 한 곳에서 다른
곳으로 옮길 때 사용돼요.

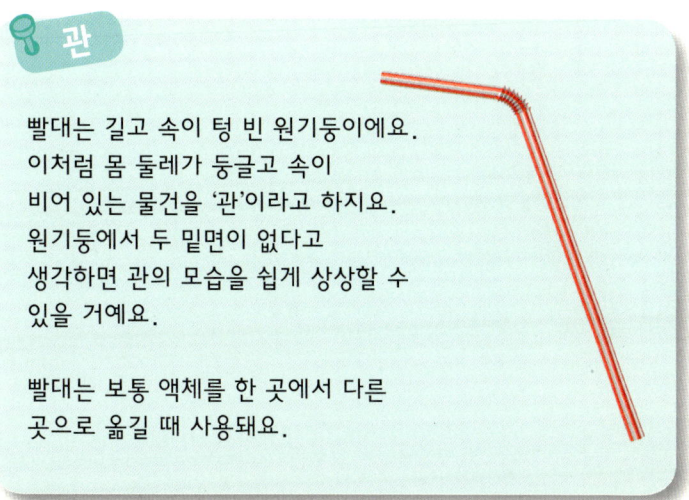

꼬불꼬불 나선

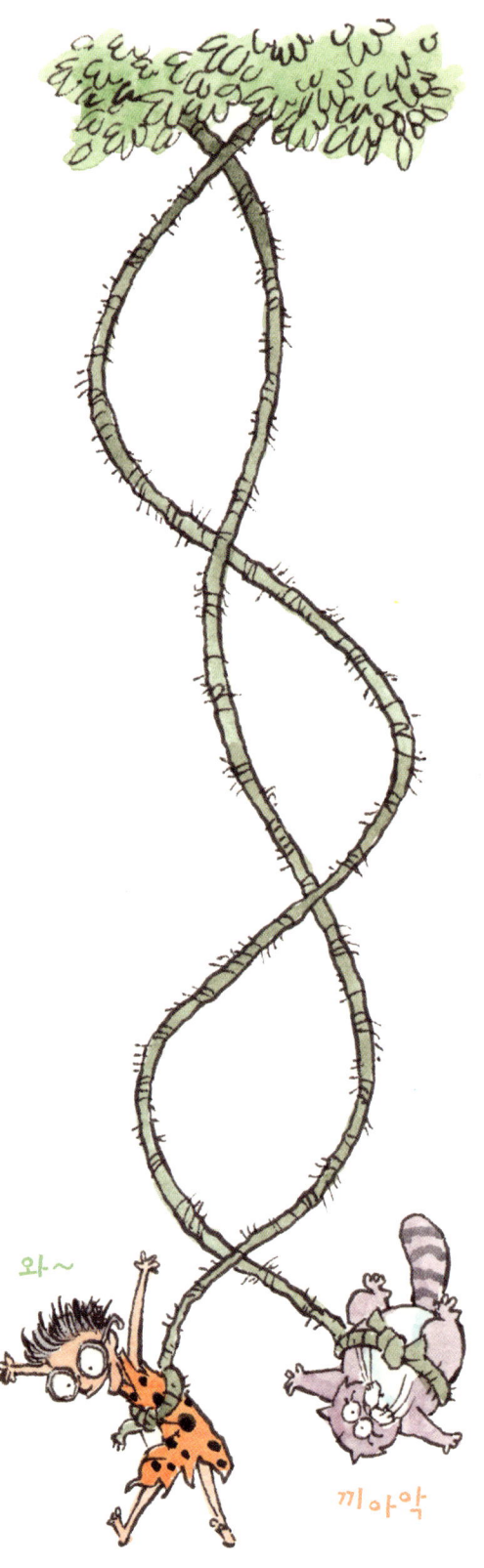

우리는 마을에서 가장 높은 나무 위로 기어 올라갔어.
수학 공부도 할 겸 우리의 용감함을 보여 줄 겸 해서 말이야.

나는 먼저 나무를 타고 뻗어가는 긴 덩굴을 찾아냈지.
"팔라스, 이 덩굴을 허리에 묶어."

나도 팔라스와 똑같이 긴 덩굴을 허리에 꽁꽁 동여맸어.
"자, 이제 빙글빙글 돌아 봐. 그렇지!
덩굴을 몸에 칭칭 감는 거야."

"어지러워!"
팔라스가 투덜댔어.

"다 됐지? 이제 하나, 둘, 셋 하면 뛰어내리는 거야."
"자, 잠깐만! 왜 뛰어내려야 해?"
팔라스가 나무 아래를 내려다보며 말했어.

"몸에 감은 덩굴을 다시 풀어야 하잖아."
나는 망설이는 팔라스의 등을 툭 밀었어.
그리고 뒤따라 뛰어내렸지.

"우-아-아-아-아!"
"우-아-아-아-아!"

우리는 나무 아래로 빙글빙글 돌며 떨어졌어.
용감한 번지점프 선수들처럼 말이야.

나선

나선은 곡선으로 빙빙 돌면서 원 또는 원통 모양을 이뤄요.

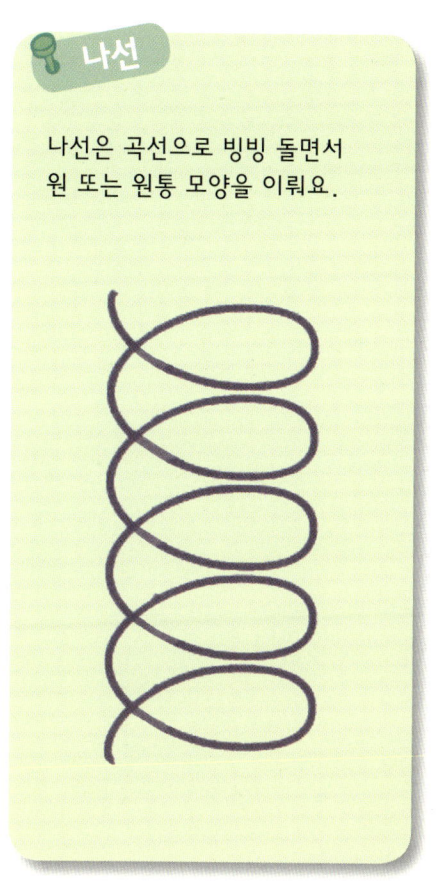

▲ 달팽이 껍데기는 나선 모양이에요.

◀ 빛이 빙글빙글 돌면서 나선을 만들고 있네요.

▶ 용수철 장난감도 나선 모양을 하고 있어요.

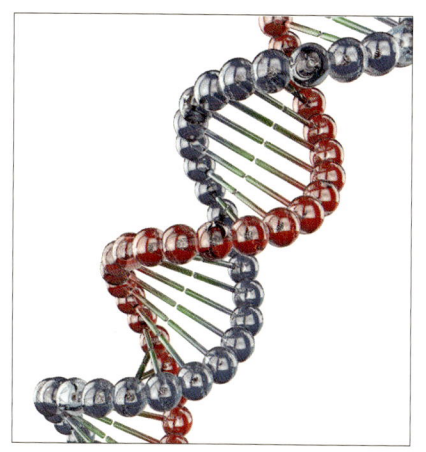

우리 몸도 나선이에요

사람은 저마다 다른 유전자를 갖고 있어요. 이 유전자가 몸속 세포의 활동에 대해 명령을 내린답니다. 이 명령들은 모두 암호로 되어 있어요.

세포 속에 있는 데옥시리보핵산(흔히 '디엔에이(DNA)'라고 부르지요)이라고 불리는 물질이 이 암호를 품고 있어요. 디엔에이는 너무 작아 현미경으로만 볼 수 있는데, 마치 소용돌이선 두 개가 서로 꼬여 있는 모양, 즉 이중 나선 모양을 하고 있어요.

용어

구는 완전히 둥근 3차원 입체 도형이에요.

공중으로 공을 던지면 공은 위로 올라갔다가 아래로 내려오지요. 공이 움직이며 만드는 곡선을 **포물선**이라고 불러요.

반구는 구를 반으로 나눈 것이에요.

구의 중심을 지나게 쪼갠 것이 **구의 조각**이에요.

'찌그러진' 구는 **회전 타원체**라고 해요.

원기둥은 밑과 위가 편평한 면으로 되어 있고 옆면이 둥근 통 모양을 하고 있어요. 원기둥도 3차원 입체 도형이에요.

찾아보기

가스통 29
거북이 20, 21
건전지 29
경도 19
곡선 13, 19, 32
공 4, 5, 6, 7, 13, 18, 24, 26, 27
과일 5, 26
관 29
깡통 29
껍데기 9, 20
꼭짓점 13
나선 30, 31
달 19
대칭 21
대포 13
도장 29
돌멩이 8, 10, 11, 13
둘레 19, 23, 29
디엔에이 31
마찰 7, 9
몽골피에 형제 17
무기 11, 13
민들레 14, 15
반구 20, 21, 32
반지름 21, 23
병 29
부싯돌 10
분자 15
비누 15
비눗방울 15
쇠똥구리 7
아이작 뉴턴 25
연체동물 9
열기구 16, 17
원기둥 28, 29, 32
위도 19
입체 도형 5, 29
잔디 볼링 7
적도 19, 25
전구 27
조각품 23, 27
지구 18, 19, 25
지름 9, 11, 23
지팡이 10, 11
진주 9
침식 9, 11
코스타리카 11
클럭스도르프 구체 11
태양 19
투석기 12, 13
포물선 13, 32
헬륨 가스 17
회전 타원체 25, 32

글쓴이 게리 베일리

캐나다, 영국, 스페인에서 초등학생, 중학생, 대학생을 가르치기도 했으며, 수많은 어린이 정보 도서와 소설을 집필했습니다. 쓴 책으로는 〈STEAM〉 시리즈, 〈손안에 든 과학〉 시리즈, 〈어린 건축가〉 시리즈 등을 비롯하여 『축제』, 『멸종』, 『위인들: 링컨과 미켈란젤로』 등이 있습니다.

글쓴이 펠리샤 로

영국의 유명 초등학교인 유니콘 스쿨을 설립해 교장을 역임했습니다. 그동안 아이들을 가르친 실제 경험을 바탕으로 무려 300여 권에 이르는 어린이 책을 썼고, 지금도 활발하게 활동하고 있습니다.

그린이 마이크 필립스

흑백텔레비전이 유행하던 시절 영국에서 태어났습니다. 16살 때, 학교를 그만두고 출판업계에서 일했습니다. 낙서와 그림 그리는 것을 취미로만 삼다가 우연히 화가로 발탁되면서 전문 일러스트레이터로 활동하고 있습니다.

옮긴이 박상은

프랑스 세인트 위르술레 고등학교를 졸업하고 연세대학교에서 불어불문학과 교육학을 전공했습니다. 소르본느 대학에서 DEA 박사 학위를 받았고, 지금은 영어와 불어 도서 전문 번역 작가로 활동 중입니다. 옮긴 책으로 〈STEAM〉 시리즈 『삼각형』, 『원』과 『사랑과 사랑』, 『철학 초콜릿 3』, 『자연현상과 재난』, 『세계 식량 위기』, 『할머니의 요술 모자』, 『245가지 호기심사전』, 『우리 엄마가 최고야』 등이 있습니다.

STEAM 5 구

1판 1쇄 인쇄 2013년 4월 15일 | 1판 1쇄 발행 2013년 4월 25일
글쓴이 게리 베일리·펠리샤 로 | 그린이 마이크 필립스 | 옮긴이 박상은 | 펴낸이 박혜숙 | 펴낸곳 미래M&B
편집책임 이지안 | 편집 신혜연 | 디자인책임 이정하 | 디자인 한지혜 | 영업관리 이도영, 장동환, 김대성, 김하연, 김민지 | 제작 남상원
등록 1993년 1월 8일(제10-772호) | 주소 서울시 마포구 서교동 368-22 서문빌딩 4층 | 전화 02-562-1800 | 팩스 02-562-1885
전자우편 mirae@miraemnb.com | 홈페이지 www.miraei.com | 트위터 @miraeibooks | 네이버 카페 cafe.naver.com/miraeibooks
ISBN 978-89-8394-742-0 73410 | 978-89-8394-737-6(세트) | 값 10,000원

*잘못 만들어진 책은 바꾸어 드립니다.

아이의 미래를 여는 힘, **미래i아이** 는 미래M&B가 만든 유아·아동 도서 브랜드입니다.

Leo and the Spheres
Written by Gerry Balley & Felicia Law
Illustrated by Mike Phillips
Copyright © 2012 BrambleKids Ltd
All rights reserved.
KOREAN language edition © 2013 Mirae Media and Books, Inc.
KOREAN translation rights arranged with BrambleKids Ltd, UK through EntersKorea Co., Ltd., Seoul, Korea.

이 책의 한국어판 저작권은 (주)엔터스코리아를 통해 저작권자와 독점 계약한 미래M&B에 있습니다.
신 저작권법에 의해 한국 내에서 보호를 받는 저작물이므로 무단 전재와 무단 복제를 금합니다.